如何更专业地教学

创建一个科学、连贯的教学框架，系统实现专业教学

[英] 佩普斯 · 麦克雷 Peps Mccrea 著

A Practical Guide to Designing Effective Professional Development, for Others and Ourselves

DEVELOPING EXPERT TEACHING

中国青年出版社

图书在版编目（CIP）数据

如何更专业地教学：创建一个科学、连贯的教学框架，系统实现专业教学 / (英) 佩普斯·麦克雷著；李晓晖，刘白玉译. -- 北京：中国青年出版社，2025. 4.

ISBN 978-7-5153-7135-1

Ⅰ. G420

中国国家版本馆CIP数据核字第2025K7U461号

Developing Expert Teaching: A Practical Guide to Designing Effective Professional Development, for Others and Ourselves

如何更专业地教学：创建一个科学、连贯的教学框架，系统实现专业教学

作　　者：[英] 佩普斯·麦克雷

译　　者：李晓晖　刘白玉

责任编辑：肖妩嫔

文字编辑：张祎琳

美术编辑：杜雨萃

出　　版：中国青年出版社

发　　行：北京中青文文化传媒有限公司

电　　话：010-65511272 / 65516873

公司网址：www.cyb.com.cn

购书网址：zqwts.tmall.com

印　　刷：大厂回族自治县益利印刷有限公司

版　　次：2025年4月第1版

印　　次：2025年4月第1次印刷

开　　本：787mm × 1092mm　1/16

字　　数：60千字

印　　张：10

京权图字：01-2023-2645

书　　号：ISBN 978-7-5153-7135-1

定　　价：49.90元

谨以此书献给：

我亲爱的父母（及祖父母），致敬他们卓越的育儿之道。

目录 Contents

致读者的一封信

亲爱的读者：

衷心感谢您的支持与厚爱。希望本书能以微薄之力点亮您和他人的成长之路，同时不会占用您太多时间。

促进教学至关重要，但您的时间也同样宝贵。

诚邀您畅游其中！如在阅读中涌现出任何改进本书的想法——无论是新颖的洞见，还是标点符号，请不吝赐教，我将欣然聆听。

佩普斯

第一幕

专业教学的基石

1　为什么要具备专业知识

2　专业知识解析

3　专业发展的核心要素

1

为什么要具备专业知识

> 我们须像对待学生的学习一样，认真对待教师发展。
>
> ——马特·胡德

首先，有必要了解教师“专业发展”（professional development，PD）的含义。

专业发展是用以改善我们所关照的学生的学业和生活机遇的不二之选。相较于其他改进方法，如控制班级规模、重组学校或提供绩效相关薪酬，专业发展成本效益更高。

此外，专业发展与理想的教师成果密切相关，如留任率、幸福感和自我效能。

专家型教师能够帮助学生建立更连贯、更抽象的理解，远超过新手教师，且达到效果的速度是后者的数倍。

尤为重要的是，这些影响超越了学业成绩本身，更能惠及那些最需要帮助的学生。得到专家型教师指导的学生更愿意按时上学、继续深造，活得更健康、更快乐。

还有，值得一提的是，专业发展具有复合效应。当我们帮助一位教师取得进步，自那一刻起，他所教导的每一个孩子都会受益，无一例外。

专业发展既是我们完善学校教育最有力的杠杆，也是最具可持续性的路径。

核心观点

专业发展是我们提升教育水平的最强有力的杠杆。

培养教师是一项艰巨的任务

专业发展虽至关重要，然非易事。全球范围内，教育系统先后吸纳过大量资本，但仍未力挽狂澜，专业发展未能实际地提升教师的效能（有些甚至产生了负面效果）。

到底哪里出了问题？大部分专业发展面临三个主要障碍：任务的复杂性、习惯的惯性以及教与学两者关系的模糊性。

教学是极其复杂的

教学是一项极其复杂的任务。为了更好地理解其复杂性，让我们将其与脑外科手术进行比较。

脑外科医生的任务是重构他们通常能够看到的大脑部分，每次只能对一个静止不动的患者进行手术，操作复杂的工具，同时要有一支始终在场的团队的协助。

相比之下，教师的任务则是同时重建30个个性迥异的儿童的心智，其中一些儿童可能不愿接受教学，教师只能使用言语和图像，而且一切都发生在时间有限和支持有限的环境中。

与教学相比，脑外科手术简直易如反掌。

在教室里进行教学是史上最为复杂的任务之一。

习惯是具有惯性的

在教室里，我们需要处理海量信息并做出大量决策。简化起见，为了应对这种情况，我们必须对大部分教学内容进行自动化处理。

自动化过的教学内容越多，也就是养成的习惯越多，我们有限的心智就能更多地用于做出关键决策、监控学习，并在学生产生诉求时灵活地做出回应。

习惯是有效教学的基础，却因其难以改变而众所周知，结果使我们的教学增加了惯性。习惯是一把“双刃剑”，虽然能促成有效教学，但又会抑制教学效果。

反馈回路是模糊的

当飞镖选手投掷飞镖时，结果立竿见影，并且明显可见。因为行动与影响之间的关系清晰明了，选手自然能够日益精进。

相比之下，当教师在教学方法上做出改变时，对学习的影响往往难以捉摸。这是因为：

- **学习是无形的。**学习难以直接测量，通常只能从学生的表现中进行推断。
- **遗忘是不可避免的。**评估教学是否产生了持久的学习效果，我们必须在上次教学结束后，等待数周才可知。
- **多种因素协同作用。**即使我们能够衡量学习效果，也很难准确地分辨出导致学习行为发生的确切原因。

与投掷飞镖不同，教学与学习之间的关系模糊不清，导致教师很难仅凭经验进行改进。

试错、反思和发现等诸多方法不足以洞察其中的复杂性。我们急需更好的工具（稍后讨论）。

◆◆◆

考虑到上述障碍，专业发展的失败率高也情有可原。

核心观点

培养教师并非易事。

若想有效实施专业发展计划，我们急需一种方法，既能够系统地解决以上问题，又能够增加胜算。

“专业知识”的登场恰逢其时。

专业知识是关键

20世纪40年代，一些科学家开始着手研究象棋选手如何提高棋艺。

由此催生了一个研究领域，随后涌现出了数百项实证研究，涉及多个学科领域，如音乐、体育和医学，并逐渐对人们在不同领域中如何取得卓越成就给出了翔实的解释。

重要的是，专业知识的研究给我们提供了一种变革理论——解释了某些教师的专业发展如何改进学生的学业。同时，该理论综合考虑了专业发展的内容与过程，解决了我们行业迄今未能解决的难题。简言之，专业知识触发的深刻洞见为我们建立可靠的教师专业发展的教学框架奠定了牢不可摧的基础，这也正是本书的意图所在。

核心观点

专业知识是思考有效专业发展的灵丹妙药。

内容预告

此书献给有志于自我提升和助人提升的教师。本书旁征博引，融合不同领域的论据，创建了一个连贯且实用的教学框架，系统性地实现课堂中的专业教学。

这个框架的有些部分或许你很熟悉，但我希望有些部分你不甚熟悉，甚至感受到挑战。而恰好是这部分内容能让你受益匪浅，请务必保持开放心态。

《如何更专业地教学》这本书的完成是基于本人对教师提升领域文献的深入研究，以及为数以万计的教师设计职业生涯不同阶段的专业发展计划积累而成的经验，总耗时15余年。本书分为三个部分：

- **第一幕——专业教学的基石**：前三章，旨在解读什么是专业知识（以及什么不是专业知识），并引出教学框架。
- **第二幕——专业教学的六大要素**：核心六章，详尽探讨教学框架中的各个要素。
- **第三幕——融合**：后两章，梳理总结全文（呈现给读者教学框架的全貌）。

《如何更专业地教学》适用于专业发展的领航者和追求进步的教师群体。为了使这一理念“活”起来，本书在这两种视角之间灵活切换，但请放心——所有内容都与两者息息相关。

如果您之前读过我的其他书，对我的风格一定有所了解——

见解简明，例子不多。有些章末尾附有“延伸阅读区”，以满足您的求知欲。

◆◆◆

我们的目标是帮您夯实教学基础，一小时足矣。

章节总结

- **专业发展是改善教育的最强大杠杆**；其可持续性和经济效益优于其他方法。

- **培养教师是一项艰巨的任务**，因其涉及任务的复杂性、习惯的惯性以及教学与学习之间关系的模糊性。

- **专业知识是思考高效专业发展的最有效工具**；它为我们提供了一种（不多见的）以实证为基础的专业发展变革理论。

北京第一实验学校　范奕然/绘

延伸阅读区

《人工智能如何影响教学》

未来已来，面对人工智能技术浪潮，教师应该积极稳妥地运用人工智能为教学赋能：利用人机交互的启发性对话提高备课效率和授课质量，依靠技术辅助优化学习评价方式，运用人工智能的多元化丰富作业设计的形式等。不管怎样，教师需要付出一切努力帮助学生为迎接智能时代做好充足准备。

《整合性教学设计》

在人工智能时代，如何整合STEAM教育、项目式学习、具身学习和审辨思维训练，实现可持续的自主学习？如何将学科知识学习与思维训练有效结合在一起？瑞典年度教师奖得主提出了一种整合性教学设计的新方式，强调为学生创造体验式学习，注重学生高阶素养的培养，将学生培养成问题解决者和创造性思考者。

《数据驱动式教学》

在当今信息爆炸的时代，数据不仅仅是一种资产，更是教育的引擎。数据驱动式教学以实证数据为支撑，为教育注入了新的活力和智慧。通过深度分析学生的学习数据，教师能够更好地了解学生的学习习惯、优势和潜力，从而更高效地制定个性化的教学方案，更精准地指导学生的学习路径，实现教学个性化、精细化，从而科学、有效、系统地提高学生成绩。

2

专业知识解析

专业知识是超越天赋的探索。

——贝雷特、斯卡达玛利亚

专业知识是实现有效专业发展的关键。那么，到底什么是专业知识呢？它是如何发挥作用的？为了弄清这些问题，我们首先需要确定什么不是专业知识。

不同于普世观点，真正的专业知识并不在于拥有某种头衔或地位。资格和权威也不足以代表专业知识。

同时，专业知识也不取决于工作时间的长短。经验固然重要，但不构成专业知识的全部。

专业知识另有所指。

对专业知识更好的解读是将其视为持续地完成岗位核心任务的能力，即产生实质性影响的能力。

专业知识归根结底是教师的举止言行及其对学生学业的影响。

核心观点

专业知识是持续地完成核心任务的能力。

然而，定义只是冰山一角，不能阐释专家型教师是如何做到这一点的。

若想更好地培养教师，我们需要探究专家型教师的成因，而非仅停留在结果上。

成为专家型教师的原因

教师的言行举止取决于他们的知识。如果教师的知识没有改变，那么学生的学习也不太可能改变。知识是成为专家型教师的根本原因。

但是对此大家各执己见。

我们往往将个体浪漫化，将专业知识归因于个人的天赋或品格。虽然这些因素确实有影响，但作用相对较小，可有可无。

相比之下，知识在其中的作用却至关重要——没有知识，专业知识便无从谈起。虽然这个观点不浪漫，但具有激励意义。相较于天赋或品格，知识更加可塑、可控，是可以通过后天系统性努力发展的。

专家型教师是后天造就的，而非与生俱来。

扪心自问

我是否经常将专业知识归因于个人的天赋、品格或经验，或拥有某种头衔或地位？

培养专家型教师

想让教师更加专业，必须专注于构建他们的知识体系。

然而，我们谈论的并非一般的知识，而是需要构建一种特殊的知识融合。

专业知识是教师拥有广泛知识的结果，这些知识包括：

- **机制。**对于教与学两者因果关系的深入了解。例如，如何通过回忆提高流畅性？或者屡次成功是如何影响学习动机的？
- **策略。**激活这些机制的一系列策略。使用测验、提问和讨论来激活回忆，或重新设定期望来提高成功率。

当知识被——

- **情境化：**因势利导，调整策略。教师根据所授课程、学生以及教学风格出测试题。

- **流利化：**对于知识的运用，得心应手，形成习惯，同时又信手拈来，不费思量。

专业知识的四要素是专家式表现及其影响的根源。

核心观点

专业知识是特定知识的融合体。

专业表现的特征

一位教师积累的特定知识融会贯通后，他的表现便开始呈现出一定的特质。这种表现不仅体现在课堂上，还包括课程规划和

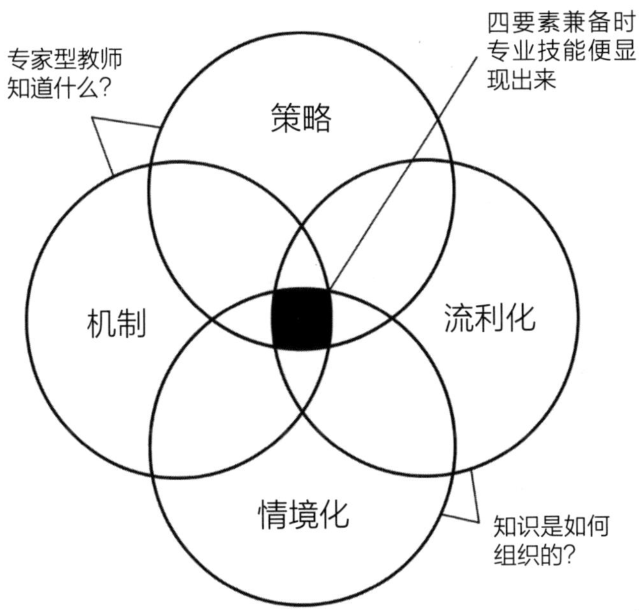

图1　专业知识的四要素

评估设计等方面。

高级感知

专家型教师能够更深层次地洞察事件，积极地过滤掉多余信息，几乎只关注学生的学习。

他们之所以卓尔不群，不仅是因为他们注意到了什么，更是因为他们故意忽略了什么。专家型教师对他们的课堂有着不同寻常的洞察力。

> 奥克利老师让学生两人一组讨论问题。刚开始时，每个人都在安静而专注地交谈，但几分钟后，她从几组学生的面部表情和姿势中察觉到讨论已经偏离了主题，于是她做出了决定……

高级决策

专家型教师能够迅速而准确地在脑海中模拟各种课堂情境，实时思考，并在事件发生之前考虑各种行动和后果。

这就是为什么他们看上去总是领先别人几步，能够实现流畅的课堂教学，而且常常展现出卓越的判断力。专家型教师对未来有更为精准的预见力。

> 奥克利老师察觉到彼得正盯着阿赫迈德看。她感知到，在教室前面提醒只会耽误彼得接下来要做的事情，于是她花了点时间扫视了整个教室，从彼得身边经过，提醒了他一下……

高级行动

专家型教师能够在自动驾驶状态下行进，这样能够将大部分心智资源用于监控学习并及时回应学生的诉求。

这种“带宽缓冲”使得教师博闻强识、省时省力、乐在其中。专家型教师往往能够事半功倍。

> 奥克利老师正在给学生讲解如何使用量角器。忽然，她注意到有几名学生看不清她陈旧教具上的数字。于是，她从抽屉里拿出一套新的量角器，打开后分发给那几个学生，同时目光示意、安慰他们，并对讲解内容做了细微调整。

◆◆◆

正是这种能力——更有效地观察、预测和行动——令专业人士以惊人的一致性取得卓越的成就。然而，这种能力并非一蹴而就，只有在拥有足够的知识的基础上才会显现。专业人士之所以能够更好地观察、思考和行动，是因为他们拥有更为丰富的知

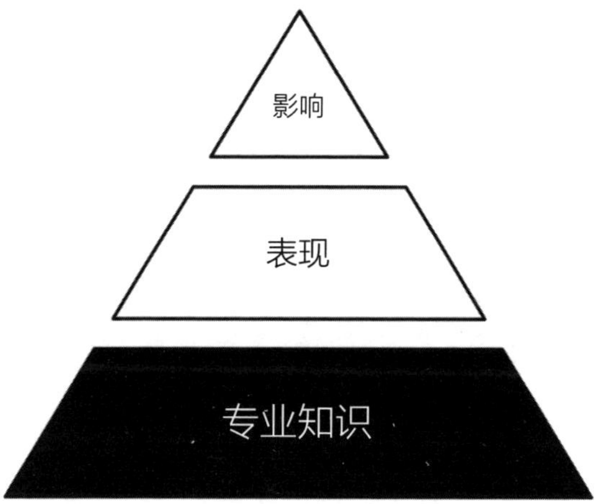

图2　专业能力的因果动态

识（详见图2）。

任务特异性

要使知识转化成专家式表现及影响，知识必须有助于教师应对他们所面临的核心任务。教学的核心任务是指那些高频次、影响力强的任务，包括：

- **规划课程**——制定学习旅程，将其细化为多个步骤，并确定学生的下一步方向（B）。
- **评估**——深入了解我们的学生，了解他们在学习旅程上的位置（A），并探索如何获取这些信息。
- **教学**——提供思路、体验和资源来帮助学生学习，将他们从学习之路的A点引导到B点。
- **激励**——对学生在学习中表现出的全神贯注、努力上进、助人为乐行为的支持。

- **自我调控**——理解和管理我们自己以及自身的专业知识，胜任以上所有任务，并不断提升自己。

这五项任务共同构建了一个有机结构，围绕这个结构可以构建专业知识（详见图3）。

尽管以上所列的任务对于所有教师而言是相同的，但应对这些任务所需的知识对于每一堂课又各不相同。

就像足球守门员关注进攻者的姿势，冰球守门员专注于球棍的位置一样，专业教师的知识也是根据所讲授的课程和学生进行精密调整的。

正是这种任务特异性赋予了专业知识产生的可能性。只有当我们尝试解决的任务范围足够狭窄时，才能建构如此深刻的知识。然而，这一特点也同时意味着专业知识不太容易迁移。

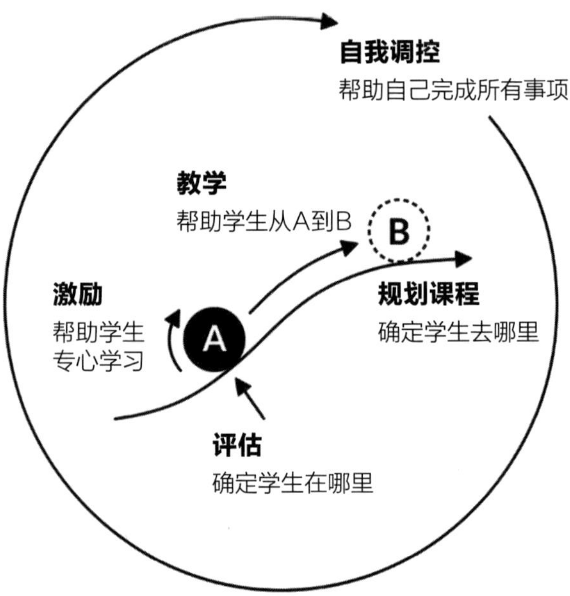

图3　教学的五项核心任务

如果让一位专业的中学数学教师去教历史或从事幼儿教育，他很可能无法做到像以前一样成绩斐然。

正是任务的特异性说明了为什么教师的分配如此重要，为什么“面试经验”并非总能对招聘决定产生实质性帮助。

核心观点

专业知识与任务高度相关。

以上便是对教师专业知识的概括。接下来的章节中，我们将回顾这些观点并在此基础上进一步拓展。但首先，我们需要明确如何系统地发展专业知识。

接下来介绍关键要素。

章节总结

• **专业知识是指教师在核心任务上持续展现出的卓越表现；**它与资格、职称甚至经验无关。

• **专业知识是特定知识结合的成果；**是对教学机制和策略情境化和流利化理解的产物。

• 当教师拥有足够的知识时，他们的表现即呈现出高级特质，包括他们怎么看、怎么想、怎么做。

• **专业知识与任务高度相关；**教师可能在课程规划方面表现出色，但在激发动力方面不够专业；或者在讲授历史方面表现出色，但在数学方面不擅长。

3

专业发展的核心要素

> 大多数计划之所以夭折，是因为没有考虑到教师们亲历的变化过程。
>
> ——托马斯·加斯基

无论是学校的专业发展安排，还是国家层面的项目设计，抑或是个人职业进阶的追求，催化变革的过程往往步履维艰、刻不容缓。

我们要抓大放小，全力以赴构建专业知识要素，忽略其他无关因素，这样才能获得最大胜算。

为此，我们将引入一个框架，尽可能清晰地阐明什么时候做什么事情。

以下是提升教学效果的关键系列活动，对于专业知识的培养，缺一不可：

1. **理解**：教师深入理解教与学的因果机制。

2. **观摩**：教师构建出一套关于这些机制在实践中应用的策略体系。

3. **尝试**：通过反复排练，教师将这些策略融入他们所教授的学科、学生群体以及个人情境中。

4. **坚持**：教师在日常工作中熟练应用这些策略，并将其纳入工作日常中。

5. **匹配**：根据教师的任务与需求，以及团队与学校条件的可行性，量身打造个性化发展计划。

6. **拥有**：激励教师全身心投入到各个发展阶段，并切实践行他们所做出的承诺。

这六大关键要素构成了有效专业发展的核心（详见图4）。结合教学的五项核心任务，共同构筑了我们专业培养框架的基础（详见图5）。

框架的应用

其中四项核心要素直接关系到知识变化的过程。“理解”和“观摩”的顺序可以互换，但两者必须在“尝试”之前完成，而“尝试”又必须置于“坚持”之前。

另外两项要素，运用范围更广泛，支撑着知识变化的过程。虽然本书的章节有其特定的顺序，但专业发展的“前”期和“中”期都要考虑“匹配”和“拥有”。

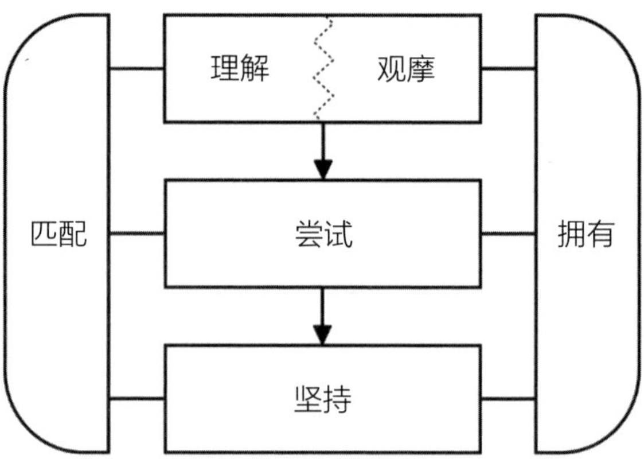

图4　有效专业发展的六大要素

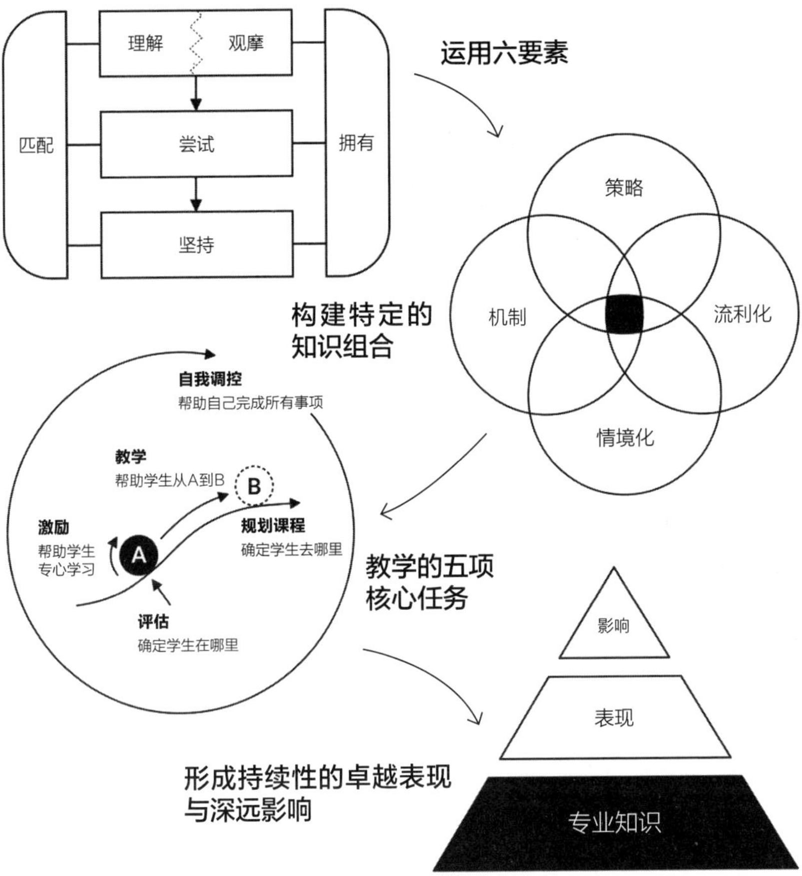
理解
观摩
匹配
尝试
拥有
坚持
运用六要素
策略
机制
流利化
情境化
构建特定的知识组合
自我调控
帮助自己完成所有事项
教学
帮助学生从A到B
B
激励
帮助学生专心学习
A
规划课程
确定学生去哪里
评估
确定学生在哪里
教学的五项核心任务
影响
表现
专业知识
形成持续性的卓越表现与深远影响

图5　如何关联在一起

每项要素里，活动的受动者指的是解决特定教学任务所需知识的一部分。

整个框架的起点坚不可摧、简单易行，在此基础上可以逐步形成复杂性、细微差别和专业判断，详见以下六章。

简化起点是刻意之举，因专业发展常易受挫，我们必须竭尽所能，降低其因复杂性过高而很快成为牺牲品的风险。培训“专业发展知识”务必审慎。

原料与大餐

那么，像教学辅导、学习社群或教案研究这类活动呢？它们应该如何融入框架中呢？

本书中，我们关于专业发展的思考方式有所不同，试图以更加细致入微的方式“走进”它。

从这个角度看，询问教学辅导是否有效并无意义，它取决于教学辅导包含的内容。

专业发展的“大餐”是否美味由“原料”决定。

此外，从“原料”的层面思考专业发展，我们越发游刃有余。只要确保有原料，我们就能自由组装。

这种观念的转变意义非凡。“原料为先”（有别于“组装为先”）的思维方式使我们在获取专业知识时更加精准、更富响应性，并最终抓住机会，实现蜕变。

“原料为先”的意识让我们更上一层楼。

扪心自问

专业发展的“大餐”是否美味由“原料”决定。我的思维方式是“原料为先”还是“组装为先”？

以上为框架的全貌。下面六章将详尽分析各个要素，并探讨实施各要素的一系列策略。

准备好了吗？出发！

章节总结

- 关于有效的专业发展，我们必须辨明主次。
- 有效的专业发展包含六大要素，结合教学的五大核心任务，共同构建了获取专业知识的框架。
- 如此复杂的情境下，简单的起点尤为重要。
- 与“组装为先”相比，“原料为先”的思维方式使我们更加精准、更加灵活。

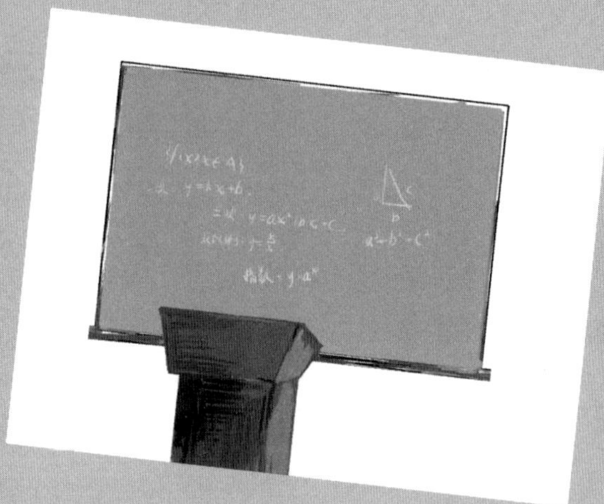

北京第一实验学校　范奕然/绘

延伸阅读区

《从优秀教师到卓越教师》

这是一本覆盖全学年的实用教学指南，简单、实用的日常小技巧能使教学效果立竿见影。180天，每天只需5分钟，教你如何从优秀教师成为卓越教师。每一天都为教师提供一个与教学相关的方法、策略或者行动建议，以提高教学的有效性。教师每天只需花几分钟的时间，就能有新进步、新收获。

第二幕

专业教学的六大要素

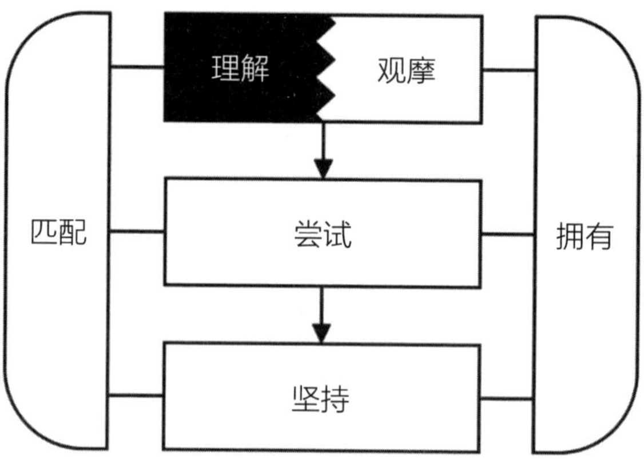
理解
观摩
匹配
尝试
拥有
坚持

4

要素1：理解

你无法改变自己不理解的事物。

——詹姆斯·哈林顿

作为教师，我们不能代替学生学习。我们只能采取行动，希望这些行动能够驱动学生去主动学习。

然而，课堂中，我们处在一个由庞大的认知、行为和社会力量编织的网络中，每个人都有自己的目标和意向，每项行动在不同时间内产生多种结果。

对这个错综复杂的系统及其潜在机制——课堂中广泛的因

果关系的理解越深入，我们就越能够解释、预测和影响其中发生的事态。

这就是所谓的“理解”。

以研究为指南

由于教学与学习之间存在模糊的反馈回路，仅凭经验很难全面揭示课堂机制的本质。

而研究则是通过分拆教学的各个方面、控制其中的混乱部分并汇总数据，揭示一些我们独立探索时无从知晓的问题，从而让我们的经验知识得以提升。

论据不足容易产生误解，如：

- 数字教材像纸质教材一样容易消化。
- 协调练习可以提升左右脑的协同作用。

- 对某些学科来说，“翻转课堂”的方法更有效。
- 学习中，无论哪种形式的压力都是有弊无益的。

若想帮助教师深刻理解课堂的运作机制，我们必须将目光投向研究，从中获取原料养分。

研究的拓扑结构

研究呈现多种形式，每种形式对教师而言都具有不同的实用性。我们一起探讨三种主要形式：

1. 描述性研究丰富了我们对现状的认知，却难以帮助我们解释、预测或影响现象本身。有时，给予学生反馈可能会使他们的表现变得更糟。

2. 相关性研究可以告诉我们哪些方法有效，却无法解答为何有效。在特定条件下，如果我们采取行动X，我们可能会得到结果Y。如果我们在给予反馈之前增加一段延时，往往会产生更积极的结果。

3. 解释性研究告诉我们事物是如何运作的，为何采取行动X会导致结果Y。它揭示了系统的基本“机制”。如果我们给学生反馈前增加延时，往往会产生更积极的结果，因为给了学生增强好奇心的时间。

在提升专业知识方面，以上三种形式各有千秋，但解释性研究最具说服力。

厨师没有醋时会用柠檬汁作为酸性替代品，同理，教师在解释时引入延时是为了培养学生的好奇心。当我们了解了一项策略的基本原理时，更有可能在适当的时候，以正确的方式运用它，并在不同情境下进行调整，不至于引发“致命突变”。

这种真知灼见是专业知识的基石。

◆◆◆

需要注意的是，并非所有与教学相关的问题都能从研究中找到最优解。例如，关于课程安排或教学伦理的问题，通常更适合通过讨论和达成共识的方式进行探讨。

为了物尽其用，我们必须知道研究具有多种形式（每种形式各有利弊），在选择时要明辨优劣，用适合的一款“点亮”某个教学领域。

加工研究成果

研究可能对积累专业知识有帮助，但其雏形对教师而言通常过于“原始”。研究的背景通常与我们自己所处的情境不同，所使用的研究方法也限制了我们的推论。此外，研究的写作格式生涩难懂，教师们不易接受。

为了充分发挥研究的价值，我们须首先对其进行加工，通过综合、阐释和调适等方法来实现。

证据的综合

揭示课堂机制并非易事。研究再丰富也无法让我们看到实景的全貌。我们通常需要理解多个研究之间的关联，最好是跨领域的研究，铺设出一张内容全面、论证充分的图纸，用以指导实践。数项因果研究表明，教学辅导不仅是一种有效的专业发展形式，同时又与源自认知科学的学习原则高度契合。

证据的阐释

大多数研究的主要受众是作者以外的其他研究人员。这些研究注重可复制性和准确性，而非易读性和可操作性。

研究要能为教师所用，必须能够：

- 提炼出最相关的见解。
- 概述出潜在的影响。
- 用熟悉的语言进行表达。

“所以”“因为”之类的连接词有助于整理信息。例如：

• 我们一次只能记住少量信息（见解），**所以**把说明写在黑板上是有用的（影响）。

• 要强调学生之间的共同点（策略），**因为**归属感可以增强动力（机制）。

证据的调适

最权威的研究也只能给出因果关系导致某种效应的可能性。

另外，这种概率仅存在于满足某些条件的特定背景下。

研究无法提供确定的答案，只能帮我们做出更明智的选择。

即便如此，明智的选择也至关重要——涉及孩子的经历和未来时，即使改善的概率微小，我们也应倍加珍视。

然而，课堂上也存在机会成本——每次我们做一件事时，都意味着放弃了做其他事情的机会。因此，为了帮助教师采取适当的行动并做出明智的权衡，我们还必须明示证据的可信度，以及证据在什么条件下成立。数十项研究已经证实，教学质量与学生学习之间存在正相关关系。这种影响大于来自学校层面的绝大多数干预措施，已在多个国家得到了验证，并且在各个学科中的结论相对一致。其中，大多数研究启用了标准化成绩测试作为衡量手段。

日积月累，调适还能培养教师的研究素养，这是我们从事最高级别研究时不可或缺的。

洞见的解释

我们加工了证据并提取了其中的洞见，接下来要做的就是对洞见进行解释。

关于培养理解能力，教师可以通过与学生互动合作从中获益。毕竟，教师的学习只是……学习而已。

常规策略通常适用于以下方面：建立先验知识、分解复杂事物、建立关联、运用案例和叙事、检查理解情况、纠正误解、选择适合的传播媒介、支持意义建构、鼓励练习、给予反馈、激发信息回忆、提供深度阅读的链接等。教师和每个学习者一样，并非一张白纸。我们对课堂都有一些自己的想法，这些想法是在教学经验的基础上形成的，当然其中不乏适得其反者。

理解可能是一个缓慢、曲折且不太舒适的过程。在专业发展中，耐心和敏感性是有效解释的睿智伴侣。

研究的加工：共担责任

构建专业知识固然重要，但对研究的加工费时耗力，同时需要具备一定程度的研究素养。

因此，许多教师，甚至是专业发展的带头人，在完成上述任务涉及的某些活动时，也不能时刻保持最佳状态。

所幸的是，全球范围内的许多教育体系开始建立基础设施，对相关研究的加工给予支持。

其中一些为正式途径，如英国的教育捐赠基金会。而更多的工作是在基层开展的，教师和团体坚信这项工作的重要性，并愿意投入时间和精力来推动。

将研究应用于教学任务中并非易如反掌，只有齐心协力，全员参与，才有可能落实到位。

二阶思维

任何动态系统中，例如课堂上，我们的行为会产生一系列连锁反应，由此产生的结果又可以催生另一个效应。

这些多阶效应有时可能相互牵制，使得我们在学习决策中不得不做出权衡。

例如，表扬学生可能会立即提升他们的动力（一阶效应），但随着时间的推移，可能会使他们更趋向于仅为取悦老师而表现，而忽略学习本身（二阶效应）。

作为人类，我们更偏向于短期结果，所以在解释洞见时，我们应该指出存在的二阶效应，并在其出现时协助教师权衡决策。

这个过程中，不可或缺的一个环节是重新审视教师为学生设定的目标，以及该目标实现的时限。

采取这种做法时，我们将课堂操作与教学目标紧密结合，使教师的专业培训变得更有意义。

然而，即便对课堂机制的理解入木三分，要达到专家水平还远远不够，因为这种知识尚不具备可操作性。

是时候介绍“观摩”了。

扪心自问

在我的课堂上，是否更偏向于短期结果，而没有注意到二阶效应？

我如何训练自己的二阶思维，从而权衡决策？

章节总结

- 我们对课堂机制的理解越深刻，就越能更好地解释、预测和影响教学过程。
- 研究通过细分教学的各个要素、控制部分混乱情况并汇总数据，进而强化我们的经验知识。
- 要使研究物尽其用，首先需要对其进行加工处理，可以通过综合、阐释和调适来实现。
- 二阶效应出现时，我们应该明确指出来，并帮助教师权衡决策。

北京第一实验学校　范奕然/绘

延伸阅读区

《为什么学生不喜欢上学？》

教师如果能深度挖掘学习力的底层逻辑，一定就能解决大多数学生的学习问题，并帮助学生掌握学习的关键，构建科学的学习体系。教师如果能为学生创造持久性学习体验，并引领学生像科学家、数学家、史学家那样去思考，大多数学生就会真正爱上学习。

《刻意练习》

对于卓越教师来说，最事半功倍的秘诀就是进行刻意练习，所有遵循了刻意练习的教师，都成功掌控了自己的工作和生活，并获得了所向披靡的力量。

《真实性学习》

教育并非易事，但学生值得教师付出无限努力。作为教师，最关键的是要传授基于真实生活并面向真实世界的学习内容。在这一过程中，要学会用新思维、新方法、新工具去设计体验式、情境式、主动式的学习课堂，构建一套精准、高效、全面、科学的个性化教学体系。教师的首要目的就是让每一次教学、每一次学习都能真正提升学生解决问题的能力，以便学生能够更好地适应未来社会。

《精通式学习法》

在传统课堂上，学生一直很被动地接受教师的答案。风靡全球的精通式学习法，则可以让学生积极主动地按照自己的方式和节奏学习，它们现已被证明是能让所有年龄的学生做到最好的教学模式。

《教学这件事》

教育是容不得半点马虎的，因为对于学生来说，过去的每一天、每一刻都不可能重来，教师唯有持续学习和保持专业成长，才能成为一名敬业的、有温度的教师。请记住：教师持续坚定地动用自己所有的专业知识和技能帮助学生进步，便是对学生最好的爱。

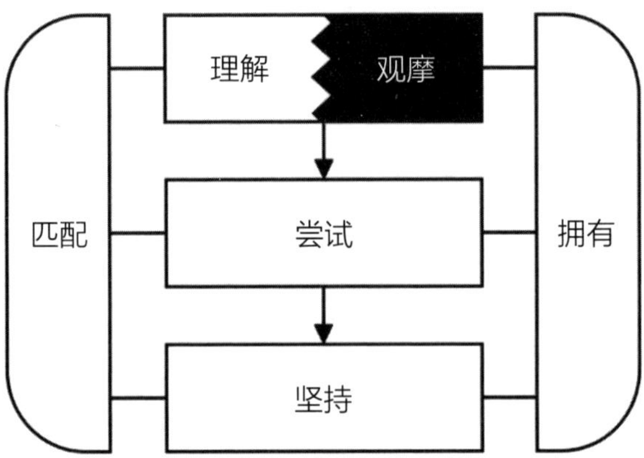
理解
观摩
匹配
尝试
拥有
坚持

5

要素2：观摩

慧目所及，言辞多余。

——塔尔耶·韦索斯

理解教学机制本身并不足以发展专业知识，因为这种知识尚不具备可操作性。

知识可操作化的第一步是树立一个清晰具象的“典范”，供教师实践参考。例如，我们可能知道记忆训练对提升流利性很重要，但如何在课堂上实施，对此没有把握的话只能收效甚微。

要提升专业知识，必须将关于教学机制的洞见与策略模型相结合。

这就是“观摩”的全部意义。

树立“典范”

典范是教学的一个具体范例，其特征如下：

- 聚焦性：聚焦于有效实践的某个细微方面。
- 忠实性：忠实于有效教学的证据（或最佳思维）。
- 可行性：经过了尝试和验证，可供所有人学习和实践。

理论在实践中的具体呈现并非总是一目了然，况且教学往往十分复杂，难以一言以蔽之。而典范为教师勾画出了“优秀”的蓝图，免去自行探索之苦。

典范形式多样，各有利弊，如——

现场演示

教育者在培训过程中，现场示范如何有效地运用某一策略。这种方法占用的资源最少，却能让观众身临其境。

展示教学的互动环节时，比如提问等，让另一位教师扮演学生的角色会更具启示性。但因为现场没有真正的学生，所以演示可能缺乏真实性。然而，出于同样的原因，观察者在审视这一教学策略时受到的干扰也少得多。

在教学的非表演性环节，如教学规划或评估设计，演示也极为关键。为了加强理解，可以采用“出声思考”的策略，即实时叙述思考过程。

教学录像

现场课堂录像功能强大，原因很多，如捕捉课堂丰富的互动性，为教学方法在实际课堂环境中的可行性提供了证据，并且可以随时随地回看。

制作课堂录像需要时间、设备和资金。但一旦制作完成，这些录像可以广泛传播，有助于在教师之间达成实践的一致性。

案例研究

案例研究旨在捕捉教学事件的“故事”，叙事方式简洁明快，通常辅以注释说明（如教案或座位图）。

案例研究更侧重于教学的非表演性内容。与教学录像相似，尽管初期成本较高，但能确保沟通的准确性。

课堂观摩

在教室里观摩老师的实际教学是最真实的体验。然而，任何一堂课都会出现诸多状况——其中许多是难以预测的——因此很难控制观察者关注的内容，从而影响他们从这次体验中获得的感受。

当观摩具备预设的明确的焦点，仅涵盖课程的某个部分，并伴随被观摩老师对其行为与原因的分析时，其效果最为显著。

“观摩”旨在为教师构建在各种课堂场景中都能应用的知识。

单纯模仿典范，亦步亦趋，结果往往不遂人愿（但整个过程中，模仿通常不可或缺）。

为了构建灵活、可行的知识，我们须凸显其关键特征，展示多元化的案例，融会贯通各项机制。

凸显关键特征

促成有效教学的因素并非总是一目了然。即便我们能够辨识出这些因素，也未必能一针见血地描述出来。

对典范中的关键要素（也称之为成功标准）进行系统化编码并分享时，需要：

- 增加观察者注意并记住正确事情的机会。
- 创造一种共享语言。
- 创建一个支持后续练习与反馈的框架。

关键特征体现在教学策略方面，能够促使学习行为产生，并迁移到其他情境中去。

当我们列举教学特质时，主要着眼于教师的举措。然而，还有另外两种特征值得我们关注：

• 提示：是什么事件导致了行动？没有这些触发点，该策略根本不会实施。

• 条件：为确保策略有效，需满足哪些条件？可以是必要条件，也可以只是期望条件。

最佳的特征列表包括大约三项教师行为，再加上相关的提示和条件。一旦我们有了这个列表，就可以通过以下方式来传达：

• 编纂：详尽描述每个特征，最好用一句话表述。该语言适用于各种情境。

• 标注：给每个特征起一个“黏性”（容易记住）的名字，以便讨论时不会产生歧义。

以下是一个名为“写—分组—分享”策略的特征清单示范：

• 针对关键问题：希望所有学生对一个问题进行深入思

考时使用（关键点）。

- 可回答的：问题必须是学生根据相关知识储备能回答出来的（必要条件）。
- 简明扼要：向学生提供明确简洁的指令，包括时间安排。
- 信息卸载：把这些指令以及所有关键词或想法写在黑板上。
- 扫视：给出指令后，刻意扫视整个教室。

展示多重范例

一个典范是一组特定关键特征的排列，是有效教学可能呈现的一个配置，仅此而已。

为了创建可供教师灵活运用的知识，必须向他们展示同一关键特征在实际中的多重范例。大多数情况下，这些范例应当是“优秀”的典范，但可偶尔穿插一些“非典范”，供教师引以为戒。

教师看到的范例越多，他们就越关注并深化对共同要素（关键特征）的理解，而对变化的事物（表面特征）的关注则会减少。

当我们摆出一系列范例时，教师则更有可能将自己代入其中，范例的吸引力和实现度自然而然地提高了。

任何教学示范都包含众多因素。如同观赏一部优秀电影，需要反复观看才能充分领略个中奥妙。

多重范例引领我们从“观摩”到“理解”优秀教学。

把机制和典范联系起来

仅对机制进行解释而不提供典范，很容易让教师感到挫败，或者改变甚微。

同样，仅向教师展示典范，而不解释底层机制，则可能导致教学实践刻板、迟钝。

专业知识需要二者兼备。机制与典范两者融合联结，共同构建了理想的知识丰富的混合体，为有效教学提供了动力，同时对抗了潜在的有害变异。

理解与观摩，两者顺序可互换。我们可以先提供实际操作中的见解，再展示相应的范例。也可以先展示一个典范，再解释它的运作方式。重要的是让两者相互关联，而不是强调关联的形式。

◆◆◆

观摩是通往专业知识的重要一步，但我们对可行知识的建构尚未完成。

接下来，我们了解一下“尝试”环节。

章节总结

- 为了获得专家水准的可行性知识，必须将策略典范与机制理解两者结合。
- 典范是教学的具体示范，以小见大、忠于事实，且具有可实践性。
- 典范形式多样，包括但不限于现场演示、教学录像、案例研究和课堂观摩。
- 为了构建灵活且可操作的知识，必须凸显其关键特征，展示多个范例，并将其与机制相关联。

延伸阅读区

《深度教学》

教学，不是一件按部就班就能做好的事情，而是一项运用有效方法帮助学生深度学习的伟大事业。在学习这件事情上，教师只是引导者，学生才是学习的主角。教学的关键始终都是利用全方位、多学科的深度提问与深度教学方法，引导学生独立思考，让学生最终能通过自己的努力找到答案。

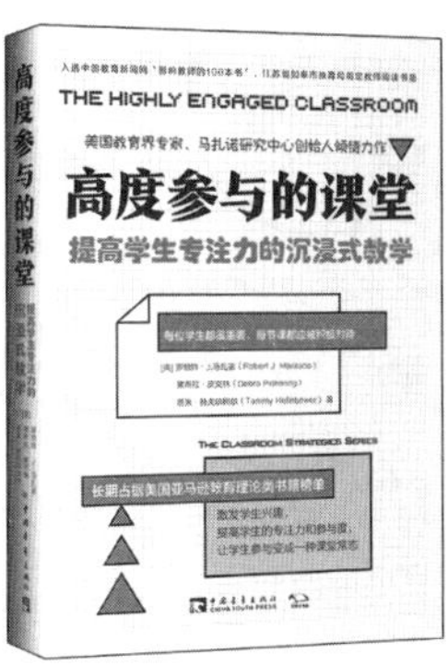

《高度参与的课堂》

学生在课堂上的高度参与是高效教学的核心。事实上，对于每一位教师来说，他们都可以利用与专注力、参与度有关的研究和策略，创造一个充满吸引力的课堂环境，提升学生的心情愉悦度、课程兴趣度以及自我效能感。

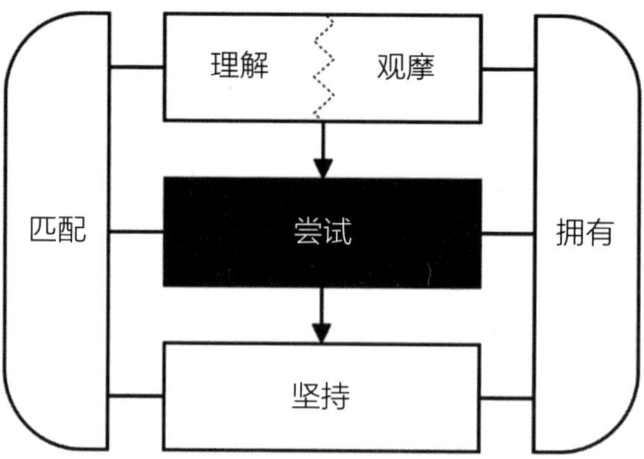
理解
观摩
匹配
尝试
拥有
坚持

6

要素3：尝试

不止练到对，要练到永不错。

——道格·莱莫夫

为教师提供典范是迈向可行知识的重要一步。但距离专业知识还是相去甚远，因为这种知识尚未与我们自身以及我们的处境融为一体。

如果要充分实现专业化，必须深刻理解策略对我们来说是什么样子，体会在实际操作中的感觉，包括说话的节奏、身体的姿势、思维的过程。这一切，都是为了学生和课堂，也为了体现我们的个性。

犹如学习骑自行车，虽可领悟其技巧，然直至实际练习，方能真正掌握其要领。

这就是“实践出真知”的内涵。

归根结底，练习就是尝试。要使练习的效果最大化，必须从以下五个方面着手：

1. 模拟课堂场景。
2. 缩小改革范围。
3. 移植典范经验。
4. 多轮循环练习。
5. 添加形成性反馈。

模拟课堂场景

试图在教学中引入变革，需要协调全新的思维、言辞、姿态等多个要素，这些要素需要齐头并进。

练习是一项对认知要求颇高的活动。

课堂是一个高强度高要求的环境。将练习直接纳入课堂——试图在课堂中进行教学改革——结果只能是力不从心。

犹如在人来人往的街道中间骑着自行车学习杂耍一样，没有充足的练习是无法学会的。

然而，对此类情况若不予以足够重视，通常会导致知识的发展零碎无章，甚至停滞不前。而且在这个过程中，学生受到的关注会更少。

这正是为什么大多数情况下，练习最好安排在课堂之外，在那些无干扰且情感安全的环境中进行。例如，一个关上门窗的空教室，或者是一堂每个人都在进行相同活动的专业发展课。

无干扰的环境使我们能够全神贯注地练习，从而以更快的速度、更高的精确度以及更强的韧性进行学习并取得进步，这种进步极可能在首次面对课堂环境时延续下去。

缩小改革范围

一般而言，当我们尝试改革时，往往希望涵盖的教学领域越广泛越好，比如如何检查学生的理解情况，或如何规划一系列的课程。

然而，过犹不及。当我们试图一次性大范围改革时，最终可能一无所获。

因此，就像学习弹奏钢琴或者驾驶汽车一样，提升教学效果要从小处做起，循序渐进。

举例来说，如果我们想在检查学生理解方面取得进展，可能首先需要专注于构建有效的问题，然后是如何引导所有学生去思考，接着是如何快速搜集数据，最后是如何应对错误等——在掌握每个小步骤之后再启动下一个。

我们先单独训练每个步骤，之后将它们组合起来练习。循序渐进，持之以恒，从简单到复杂，最终取得成效。

移植典范经验

我们练习的出发点通常是借鉴别人的教学模式。然而，他们的课程、学生、情境和风格很可能与我们自己的不同。所以，邯郸学步并非良策。

为了充分用好典范经验，我们首先须将典范移植到自己的情境中。

移植就是在练习之前，修改典范并写下来或口头讨论的过程。目的是让典范为我所用，同时保持其关键特征的真实性。

对于表演性练习，编写关键步骤的脚本至关重要——准确地写下关键节点上要做什么或要说什么。因为，如果我们现场发挥，很可能不尽如人意，继而养成陋习。

对于非表演性练习，备妥相关文件可能会有所帮助，比如授课计划、教材或学生情况，这样可以让我们更快地投入量身定制的教学任务中。

多轮循环练习

多轮练习对于取得效果至关重要。就像骑自行车一样，通常需要多次尝试，我们才能够流畅地执行新的教学策略——既不遗漏任何细节，也不会出错。

我们要尽力而为，直至练到烂熟于心。因为在课堂中手忙脚乱地实施策略时，实际效果很可能大打折扣。

在不断提高自己的同时，我们可以通过增加挑战的难度来获得更大的安全感，如对情境进行微调，引入典型干扰，使模拟更接近于实际情况。

万事俱备一展身手时，如果条件允许的话，先从一堂简单的课，或一个容易的话题开始。

添加形成性反馈

反复练习必然效果显著，在下一轮开始之前提出改进的小细节，才能精益求精。练习中加入形成性反馈，不仅可以让我们更好地将典范代入实际情境中，还能使其变得更加有效。

基于反馈的练习才能熟能生巧，仅靠练习本身只会导致模式固化。

最简单的反馈方法是和另一个人一起练习，让他/她在每轮之间提出一个小的改进建议，最好是关于关键特征的。

与他人一起练习的益处不仅在于他们可以扮演学生的角色，还在于他们是负责任的伙伴。

如果没有合作伙伴，也可以独自练习。通过录制和分析自己的教学，可以完成80%的进程。

降低半途而废的风险

刚开始练习时，往往会感到不适。这是可以理解的，因为我们会在同伴面前暴露出不足，并且注意力集中在自己身上而不是学生身上。

除非我们能够管理由于练习引致的情绪压力，否则很容易半途而废。

最终，我们可能会退回到诸如讨论及反思之类的活动，这些活动可能更加舒适，但效果不太好。

为了降低半途而废的风险，我们可以：

- 传递期望：明确指出最初感到不适是很自然的。
- 带头示范：在大家面前示范实践，袒露弱点。
- 建立信任：达成共识，练习将以尊重和保密的方式进行。
- 强调价值：将练习定位为提升勇气和开放心态的机会，体验作为一个学习者的生活。
- 把守关口：定期提醒每个人练习的重要性，寻求支持，同时要求大家遵守练习时间。

推动练习并非易事，然而当目标达成时，我们协助教师将抽象的机制和典范与其自身、其情境（甚至课程内容）融为一体，使他们的知识更具可操作性，并同时拓展他们的专长。

尝试是通往专家水准的又一重要步骤，通过尝试我们拥有了高度可操作的知识。然而，仍然不能保证这些知识一定会付诸实践。

到介绍“坚持”的时候了。

扪心自问

要成为专家型教师，必须多加练习，“实践出真知”。要使练习的效果最大化，我会从哪些方面着手？

章节总结

- 要充分体现专家水准，我们必须深入了解策略在我们眼中的样子，并通过练习感受其实际效果。
- 练习很大程度上是尝试，但我们可以通过模拟课堂场景、缩小改革范围、移植典范经验、多轮循环练习以及添加形成性反馈，使实践卓有成效。
- 积极应对练习带来的不适感，降低半途而废的风险。

延伸阅读区

《如何爱上教学》

对教师来说，最重要的就是要懂得如何对工作和生活富有激情——爱自己的学生，爱自己的工作，更爱自己的生活。有时候，一些简单且循序渐进的策略，就能帮助教师应对错综复杂的教育环境，精进时间管理与精力管理，重塑教学体验，改善教师自身与工作的关系，从而更好地提升教学质量，增强职业幸福感。

《反思性教学》

研究证明，在全球范围内，数以万计的教师因为善于反思而获益无穷。反思性教学对教学质量与成效至关重要，它是教师实现自我提升与卓越教学有效的途径。这本英国教师都在参考的教学反思完整手册，系统、全面地破解反思性教学的过程，为教师技能持续发展和学校校本培训提供新方向。

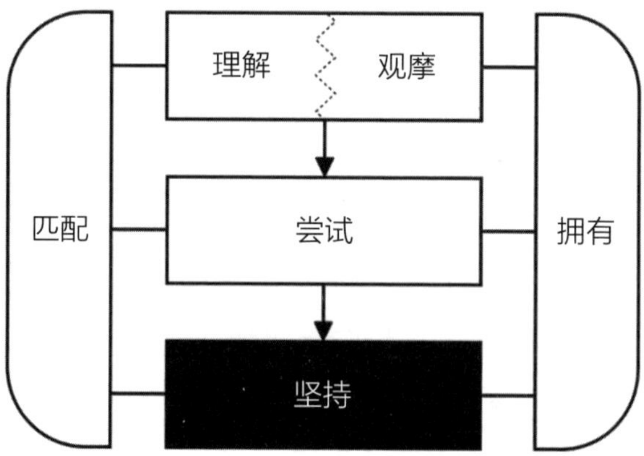
理解
观摩
匹配
尝试
拥有
坚持

7

要素4：坚持

我们的高度不是由目标决定的，而是由体系决定的。

——詹姆斯·克利尔

通过练习构建可操作的知识是通向专家水准的重要一步，但这仍然不尽如人意。练习催生出的知识具有应用的潜力，却可能难以付诸实践。

这就是为什么用时一天的专业发展仅为杯水车薪。虽然可能会激发教育工作者在教学中进行多次尝试，但由此带来的成效往往在一两个月后消失殆尽。

为了行之有效，我们必须掌握可操作的知识，并使之成为一种习惯。

这就是坚持的意义。

习惯的重要性

习惯是在某种提示下自动执行的一系列动作，所有这些动作均在最低的认知或意识控制下进行，就像自动驾驶一样。

例如，早上闹钟响起时，你会起床、洗澡、穿衣、吃早餐，所有这些行为都不假思索。习惯在教学中占据了很大的比重，这是顺理成章的。

大多数课程中，我们需要处理大量的数据并做出决策。只有将这些过程自动化，我们才能应对课堂中的高认知需求的问题，并最终掌握其要义。

这就是为什么新手教师容易不知所措，而经验丰富的教师可以一边回答复杂的问题，一边监控整个班级，并在个别需求出现时能够迅速做出反应，而且不费吹灰之力。

习惯是专业教学的基石。

改变的挑战

尽管习惯是专业教学的基石，但养成习惯并不容易。当我们养成习惯时，通常面临五项挑战：

1. 努力：养成新习惯需要倾注注意力和付出努力，尤其是与我们现有的一系列习惯相比。

2. 不适：起初，因对新技巧缺乏熟练度，我们常常感到笨拙、不自然。

3. 不熟悉：对我们而言的新方法，通常对学生意味着全新的体验，学生们可能出现不够流利的问题。

4. 降效：技能水平较低，再加上学生不熟悉，通常会导致学习效果较差。

5. 逆转：在压力或紧张的情况下，我们更可能回到以前的习惯中。

这些挑战不容小觑，它们共同作用，有可能使习惯的养成前功尽弃。

若想养成持久性的习惯，必须三思而后行。

归根结底，养成习惯就是通过一致的提示反复执行一系列行动。但我们可以采取五种策略进一步强化这一过程：

1. 替代而非添加

2. 阐明意图

3. 优化环境

4. 跟踪、分享与庆祝

5. 轻装上阵

替代而非添加

如果仅注重向教学中添加新习惯，很快就会遇到问题。我们的技能库会变得臃肿不堪，新习惯会与旧习惯相互竞争，很可能“两败俱伤”。

习惯替代是明智之举，意味着我们最终会养成更好的习惯，而不仅仅是更多的习惯。

最佳的替代习惯方法是保留原始提示（也称为触发器），并逐渐替换随之而来的行动链。这就是用甜味剂替代糖的效果如此出色的原因。

阐明意图

我们对于自己想要什么越清晰，实现的可能性就越大。方法之一是使用简单的“如果—那么”框架，明确陈述（最好书面记录）我们的意图：

- 如果（X发生），那么我会（执行A、B和C）。

我们可以通过添加更多细节，比如时间、地点和方法，进一步强化这一方法：

- 如果（X发生）在（空间Y）和（时间Z）内，那么我会（以方式D）（执行A、B和C）。

甚至，可以通过预先排查——预测可能出现的问题，并计划在问题出现时如何应对，来进一步扩展这一方法。

> 如果杰茜到达教室时精力过旺，那么我会站着不动，态度冷静，并郑重地告诉她用30秒时间准备好后再进教室。如果她做不到，那么我会……

阐明意图的策略可能略显简单，但确实可以提高习惯养成的可能性。

优化环境

意志力是一种变化无常的资源，我们的行为在很大程度上受到环境的影响。就像将饼干放在高处架子上有助于抵制糖的诱惑一样，我们可以采取一些措施，让环境为我所用，而不是成为阻碍我们的牵绊。例如：

- 戴上耳机或将手机放在抽屉里，提高我们制订计划时的专注力。

- 在幻灯片上设置隐秘的视觉提示，促使我们养成目标习惯。
- 在后墙上装置倒计时计时器，保持我们的提问井然有序。

问问自己：我能对我的情境做出哪些调整，让习惯更容易养成？

跟踪、分享与庆祝

能被衡量的就能被管理。通过简单记录自己的表现（通常纸质记录效果最佳），增加成功的概率。

与德高望重的同事分享自己的进展，到达某些里程碑时一起庆祝，可以放大这种效果。

轻装上阵

养成习惯不仅具有挑战性，而且须日久方见效。习惯自动化后，其好处才会显现出来，而这可能需要数十次的重复（几周或几个月）。

在此期间，我们会经历詹姆斯·克利尔所说的“潜力谷底”（详见图6），容易半途而废。为了突破瓶颈，增加胜算，我们可以采取以下策略：

- 设定期望：准备好迎接一段时间的艰辛和不适。
- 抓住机遇：在最不可能失败的时机养成习惯。
- 关注萌芽：起初，不要过于关注习惯的质量，而要关注怎么让习惯发芽。
- 守住阵地：每次养成习惯后，尽量不要再改变。
- 重新加入：允许偶尔错过新习惯。但如果连续两次错

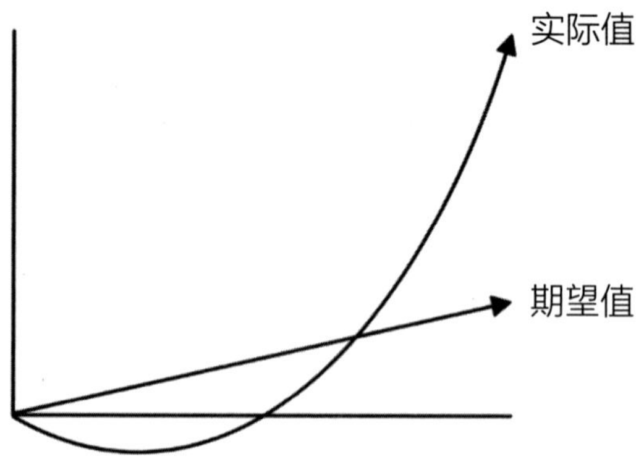

图6　詹姆斯·克利尔所说的“潜力谷底”

过，你就开始养成了另一种习惯。

如果坚持下去，事情就会迎刃而解，学生（对流程）越来越熟悉，你的表现也会渐入佳境。

最终，你就会习惯成自然。就像舞者不再需要数步伐，赛车手感觉与车辆合为一体一样，你的教学也会一气呵成，妙不可言。

磨炼习惯不仅有利于提升我们的影响力，也是我们满足感和幸福感的助推器。

双刃剑

磨炼习惯是发展专业技能的关键要素之一。然而也可能阻碍我们未来的改进（因为习惯与变革相悖），使我们的知识变得更加隐晦（增加了向他人明确表述的难度）。

经验越丰富，以上风险就越大。这也是教师成长容易出现停滞的主要原因之一，也正是为什么“坚持”至关重要，无论是对有经验的老教师，还是对刚入行的新教师而言。

“坚持”是通往专家水准的关键一步。但如果我们教师要实现影响最大化，必须确保“按需坚持”。

接下来，我们一起了解一下“匹配”环节。

章节总结

- 要实现影响最大化，必须将可行的知识变成习惯。
- 习惯是在提示下，基于最低的认知和意识控制而执行的一系列行动。
- 习惯是通过重复养成的，但可以通过替代而非添加、阐明意图以及优化环境来保持住。
- 我们的习惯越根深蒂固，就越难以改变。

延伸阅读区

《如何设计深度学习的课堂》

从切实可行的操作层面为教师提供了打造深度学习的课堂的着力点，致力于将“深度学习”这一概念落到实处。启发教师如何设计深度学习的课堂，培养学生的深度思考能力和深度合作能力，引导学生进行自主学习、合作学习和探究式学习。

《如何管理学生行为》

教师在教学过程中，必然会遇到各种极具挑战性的学生行为问题，如课堂干扰、注意力分散、对抗行为、情绪失控，甚至更严重的纪律问题。因此，掌握一些科学、有效的管理学生行为的方法成为教学工作的重中之重。良好的行为管理不仅能减少课堂冲突、提升教学效率，还能帮助学生树立自律意识、培养积极的学习态度。

《课堂上的提问逻辑》

在课堂教学中，科学的提问逻辑能有效强化学生知识掌握、激发探究兴趣，并提升学业表现。美国教育家马扎诺基于50年研究开创的适用于任意学科、年级的提问法为教师提供了系统化的策略，教师可以通过阶梯式认知挑战，引导学生从被动接收转向主动建构，最终实现深度学习与成绩提升的双重目标。

《如何激活学生思维》

在学生学习过程中，教师有效激活学生思维的价值远超知识传授本身。当教师通过精心设计的课堂活动激发学生思考时，学生不仅能掌握学科知识，还能拥有持续思考的内驱力，掌握解决问题的思维方式，这种深度的思维激活将转化为持久的学习能力。

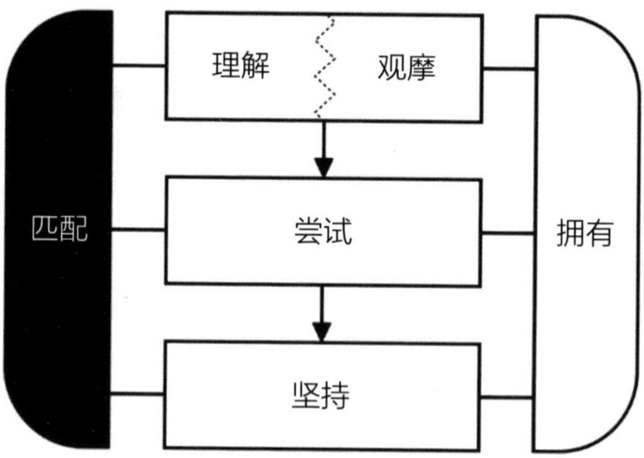
匹配
理解
观摩
尝试
坚持
拥有

8

要素5：匹配

我们进步的速度取决于我们在专业领域边缘花费的时间。

——安德斯·艾利克森

上述“专业发展的核心要素”作用显著，能够改善教学。但如果所涉及的内容和性质与个人或团体无关，必将收效甚微。

究其原因，这种不适配可能是因为专业发展的重点已经是教师熟悉的领域，或者是超出了他们的能力范畴；抑或是为他们专业知识的提升给予的指导过多或过少；或者根本没有解决他们在角色中面临的问题。

专业发展要发挥作用，必须根据个人的发展需求进行定制，最好同时考虑团队和学校的需求。

这就是“匹配”的核心要义。

需要指出的是，不受本书章节顺序的影响，“匹配”发生在我们刚刚探讨过的核心活动之前或之中，而非之后。按照这个顺序解释合乎情理。

诊断与处方

教学中，有人可能在授课方面非常专业，但在激励方面稍显逊色。或者，针对课程，有人对某些主题的了解要大于其他主题。

专业知识与其说是一种通用的品格特征，不如说是一种特定的知识分布。

从根本上说，“匹配”涉及诊断和处方，即先识别这种知识分布的拓扑结构，再决定接下来应该着手处理其中的哪一部分。可以采用五种策略优化匹配过程：

1. 根据数据进行诊断。
2. 开出中期处方。
3. 使用总体课程地图。
4. 根据教师的专业知识进行调整。
5. 即时响应。

根据数据进行诊断

为了确保教师专业发展的相关性，必须将诊断扎根于事实。背离事实，我们极有可能围绕着时尚兴趣、未经验证的假设和个人偏见贸然推进。

和在课堂上一样，评估可以通过运用以下工具更真实地了解教师的知识和实践：

- 对于一对一的专业发展，可以运用课堂观察、课程计划分析、学生作品采样和深入提问等方法。
- 对于群体的专业发展，可以运用知识测验、实践调查、结构化的同行评价或自我评估等方法。

评估的目的是产生足够的数据用于诊断，而不是精确衡量或给教学打分。

专业发展是为了培养教师，而不是评判教师。

诊断的焦点是需要处理的任务，而非诊断的技巧。解决问题往往有多种方法，但围绕任务组织知识是专业的核心所在。

例如，首先明确你的目标是更好地了解学生的理解情况，之后再考虑解释问题时要不要使用迷你白板收集数据等。

开出中期处方

改进教学是重中之重，而专业发展又时不我待。因此，我们必须聚焦于能够在有限时间内取得最大收益的领域，此为杠杆效应最大化的处方。

这个处方看起来不错吧？但疗效部分取决于接受我们帮助的人是谁……

当教师在实践中存在一个明显的短板阻碍了他们的进步时，我们应优先考虑处理这个环节。

有时，诊断短板可以在群体内开展——几乎每位教师早期都需要得到行为管理方面的支持——但更多的时候，他们将从个体的帮助中受益，例如辅导。

扪心自问

“匹配”涉及诊断和处方，可以采用哪些策略优化匹配过程？

教学评估的目的是什么？是为了给教学打分吗？

如果教师没有明显的短板，那就最好以团队甚至以学校为单位轮流关注不同的焦点问题。虽然教师个体能够自行在形成性评估方面得以提高，但大规模的方式可以实现战略共享和同侪问责制。

无论教师的熟练水平如何，所有的专业发展都应优先考虑教学的核心任务，而非次要任务。与培训教师制作电子表格相比，帮助他们提升解释能力更加事半功倍。

最后，值得注意的是，实施专业发展的所有要素都需要时间，切不可仓促行事，一走了之。最有效的办法是开出中期处方，确定一个历时几周或几个月的改进领域——这个领域可以细分成轻松上手的几个小步骤。

使用总体课程地图

在教师的专业发展中，最佳做法是帮助他们系统性地、持续性地在其角色的所有核心任务上建立起专业知识，而不是“下一步该做什么”的一系列随意活动的堆砌。

借助专业知识提升课程地图，我们可以更好地把握当下大局——该文件概括了教师需要了解和掌握的内容，以应对角色赋予他们的核心任务。

这个框架应视为指引，而非铁律——毕竟没有任何一张地图能够完全呈现出一个领域的全貌。理想情况下，应制定多个版本，以适合不同的学科或教学的不同阶段。

根据教师的专业知识进行调整

教师在其工作的某个方面越是专业，就越懂得运用更多的知识自我诊断、自开药方。

这就是为什么对于特别专业的教师而言，在关注什么以及如何改进方面提供太多的外部指导反而会适得其反，过犹不及。

虽如此，提供一些指导仍然是有益的。专家型教师通常全身心地投入自己的工作中，能够从全新的实践视角中获益匪浅。

即使是最出色的专家也会备受意志力减弱的折磨。因此，在养成习惯的过程中，每个人都会从获得的支持中受益，无一例外。

即时响应

最后，“匹配”不单指望闻问切、对症下药。

“匹配”还包括在专业发展过程中进行评估和响应，以确保各项活动与教师的学习需求持续匹配。

在这方面，我们可以借鉴课堂上使用的灵活教学的许多策略，如提问、测验和巡视等。然后，只需有意识地偏离计划，在发展中进行优化。

以群体为单位的专业发展中，同行可以确保响应式体验。例如，在“尝试”阶段，同事们可以结成对子，互相分析伙伴的排练情况，并给予量身定制的即时反馈（依托关键特征列表）。

与在课堂上一样，做出响应在一定程度上是对何时继续前进做出正确的判断。

如果情况允许，最好坚守一个发展领域，直到取得突破，不要因为要完成计划而过早转向新的领域。

当然，如果教师在某个领域“卡住”了，即无论如何都难以突破，那就另当别论。

此时，教师暂时将注意力转移到其他领域可能会缓解挫折感，继而以新的视角和饱满的热情重回原来棘手的领域中来。

“匹配”是构建教师专业知识的重要部分，尤其在大规模培训的情景下。还有一个要素不可或缺，对推动整个过程功不可没。

这就是“拥有”。

章节总结

- 要使专业发展立竿见影，必须与教师的个人发展需求相匹配，最好还要与其所在的团队的需求和学校的需求匹配。
- 基于数据驱动的诊断和中期处方（在课程地图的支持下），可以实现这种匹配。
- 根据不同的专业水平灵活调整我们的方法并即时做出反应也是非常有益的。

北京第一实验学校　范奕然/绘

延伸阅读区

《像冠军一样教学（全新修订版）》

美国著名教育家道格·莱莫夫通过认知科学与文化响应式教学的融合，系统提炼出63个经实践验证的高效教学技巧。这些技巧源自优秀教师的共性实践，兼具可操作性与普适性。他创新性地引入心智模式解析，结合认知心理学最新发现，通过丰富案例揭示教学行为背后的科学原理。教师可以将这些技巧灵活运用于不同教学场景，构建高效课堂。

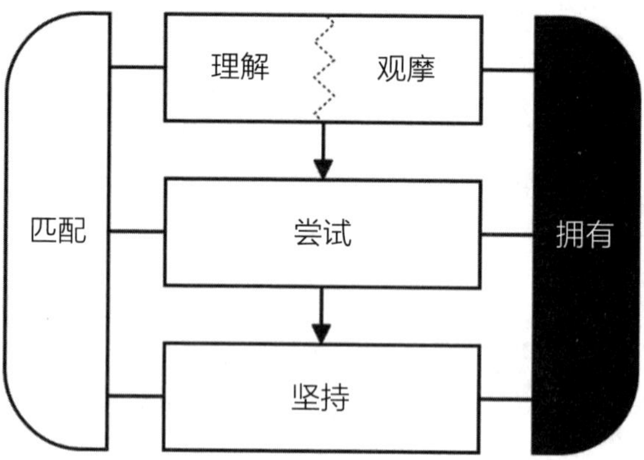
理解
观摩
匹配
尝试
拥有
坚持

9

要素6：拥有

虽可引马至水，却难令其饮。

——阿尔伯特 · 爱因斯坦

专业水准的提升通常与我们在专业边界投入的时间、注意力和努力成正比。

即使最优质的专业发展机会近在眼前，如果教师未能认识到其中的价值并选择投入——一次次错失时机——那么也难以见效。

我们不能代替他人做出选择，只能让教师意识到他们面临的选项，然后支持他们做出明智决策并付诸实践。

这正是“拥有”的核心要义。

提升专业知识往往不是一项简单的决策，通常涉及权衡，并可能对我们学校以外的生活产生深远影响。

是读一篇新的研究论文，还是为下一堂课做规划呢？是尝试新的策略，还是坚持了如指掌的方法？

作为教师，要做出许多这样的选择，每个选择都会迎来不同的未来。要综合考虑全部选项，它们或多或少对成长产生影响。为了在这个关键的决策过程中给予教师支持，我们可以：

1. 触发承诺。
2. 提供决策信息。
3. 协助执行。
4. 推动长期发展。
5. 筑牢信任基石。

触发承诺

毋庸置疑，是否投身于专业发展是一项抉择。教师们在选择行动路线和考虑路线的可行性时，越是深思熟虑，就越有可能全力以赴。

反之，当人们感到被诱导或被逼迫做出决策时，他们更有可能选择退出，甚至反抗。慎重起见，抉择时我们可以：

- **构建承诺节点：**在关键时刻为教师创造明确选择或赞成选择的机会。
- **运用邀请性语言：**您是否愿意听听我的建议？我可以为您提供一些建议吗？我们可以开始了吗？

承诺可以采取多种形式，包括：

- **发展目标：**我将提高学生在提问时思考的比例。

- **专业发展的常规：**我将每两周投入30分钟时间进行同行指导。
- **行动步骤：**我将在每节课中使用小白板来评估整个班级。

我们的承诺越具体，坚守的可能性就越大。鼓励教师写下他们的目标，并与同行分享，之后在每次专业发展会议开始时进行回顾。

提供决策信息

教师不选择投身于专业发展，很少是因为不思进取。通常是，他们可能看不到培训内容的意义，感觉与自己无关且浪费时间，或者不知道如何融入其中。尤其当教师之前的专业发展经历不佳时，这种情况会进一步加剧。

应尽可能避免揣测教师们知道什么、不知道什么，而是对所提供的内容进行详尽说明，就像他们对此一无所知一样。为此，我们可以：

- 叙述旅程：概述他们可以从本次经历中得到什么。“这是今天和以后的计划……”
- 强调好处：强调最终他们的生活将会变得更好。学生们会更上一层楼，教师们则会信心倍增、满载而归……
- 直言相告：坦言需投入的时间和精力，每周至少投入一个小时。吃得苦中苦，方为人上人……

可能的话，培训内容佐以证据效果更佳。这些证据包括：

- 经验证明：与专业发展内容相关的经验证据，来自研究成果或其他参与者。

- 社会证明：借助他人的报告或视频信息，这些人亲身体验过专业发展并分享了他们的经验和获益。

最后切记，遗忘是不可避免的。整个学习过程中，自始至终，要反复回顾这些好处，解释这些好处如何与持续推进的活动密切相关。此举有百利而无一害。

协助执行

教学工作异常繁重，专业发展自然是充满挑战的使命，生活更是变幻莫测。承诺固然重要，但光有承诺远远不够，付诸实践同样是一项不容小觑的挑战。

我们只需审视每年新年立下的目标的实现率，就能明白单纯拥有目标很难确保持久的变革。

无论我们如何努力说服自己，即便是最自律的成年人也难免在意志力方面松懈。分心、缺乏动力以及拖延，常常伴随着变革过程。

为了帮助教师履行承诺，我们可以提供以下支持：

- 事前风险分析：共同预测可能出现问题的地方，并制订相应的应对计划。
- 伙伴关系：与志同道合的人分享我们的专业发展历程，以维持并加强动力。
- 同侪问责：督促同事定期相互审视彼此的承诺，并予以鼓励。

推动长期发展

专业发展中，最常见的问题之一是教师因为更紧急的事务而中断学习计划。“我还有一封电子邮件要处理，有一个家长的电话要打，还有一份报告要完成……”但是，这种权衡取舍的经济学未必经得起推敲。

专业发展通常不会立竿见影——其效果通常在几周甚至几个月内逐渐显现，而非几分钟或几小时之内即见成效，但其重要性丝毫不减。

事实上，对教师而言，有效的专业发展可以说是最为重要的活动之一，不仅有望改善学生当下的学习和生活，还会影响到职业生涯中所教授的每一位学生。

作为人类，我们通常倾向于追求短期结果。教师们应在放弃专业发展而产生的长期成本方面达成共识，这样在应对突发任务（不可避免）时就能够明智决策，从容不迫。

筑牢信任基石

投身于专业发展时，我们需要对一些关键人物产生高度信任感，他们是：

- 专业发展的领导者：他们知己知彼，且始终把我们的最大利益放在心上。
- 专业发展的同行：他们一路陪伴，对我们的失败不妄加评论，彼此可以畅所欲言。

担任专业发展的领导者时，我们需迅速获得信任，并逐渐加深这份信任。为此，我们可以：

- 建立可信度：分享在专业发展方面的经验或培训经历，展现出对相关限制（如工作量）的了解。
- 表达关切：表明要了解合作的教师，尊重他们的价值观，并致力于帮助他们实现目标。

• 确保成功：始终如一地履行专业发展的承诺，最好能够初试锋芒。

担任专业发展的同行时，在提出创意、分享挑战和责任担当方面，我们能够率先垂范。

然而，如若不敢为人先，这种关系很容易日渐疏远。

这时，“合约对话”的作用尤为突出。

合约对话是在关系开始阶段进行的一种简短的结构性交流，双方轮流提出若干关键问题，例如：

1. 对你而言，哪些方面最重要？
2. 为了取得成功，你需要我提供什么支持？
3. 如果出现了问题，我们应该如何应对？

只要双方认真倾听并按照所述行事，合约对话可以迅速建立同行之间的信任，进而促进更加牢固、可持续的专业发展。

有时，我们容易等闲视之，忽略教师的专业发展。倘若我们能够正视这点，必将培养出对长期学习求知若渴的教师，这对于多年磨炼才能驾驭的职业来说至关重要。

章节总结

- 专业程度在一定程度上取决于教师选择投入多少时间、注意力和努力。
- 我们越能够帮助教师主动参与自身发展，他们的进步就越快，持续时间也会更长。
- 为了实现这一目标，我们可以让教师了解他们所面临的选择，支持他们做出明智的决策并履行自己的承诺。

北京第一实验学校　范奕然　罗俊翕/绘

延伸阅读区

《用心学习：教育大师托尼·瓦格纳的学习之道》

一部不平凡的自传式教育著作，融合了个人成长与教育哲思，探究了学习与教育的本质。在当今充满着不确定的世界里，人们更需要用心学习，开发内在的学习动力，掌握学习的技能，建立深度思考习惯，以理解自己和周围的世界，从而更好地构建学习韧性，培养应对未知挑战的终身学习力。

第三幕

融　合

10

专业教学的框架及实施原则

烹制佳馔，以质为源，以简为本。

——爱丽丝·沃特斯

至此，你已获得一个全面详尽、有据可依的专业知识提升的框架：

- 有效专业发展的六要素；
- 围绕教学的五大核心任务；
- 提升专业知识的六大核心理念。

考虑到这是一幅“群像图”（其复杂性合乎情理），我们稍作停顿，汇总所有内容，再现其完整全貌。之后，简要探讨几点“实施原则”，这些原则有助于框架的成功实施。

首先，让我们将所有内容浓缩成以下几页：

核心理念	
1	专业发展是我们用来改善教育的最坚实的杠杆，与其他方法相比，更具可持续性和成本效益。
2	教师培养颇具挑战性，主要原因是任务的复杂性、习惯的惰性以及教学与学习两者关系的不确定性。
3	专业知识是通往有效专业发展的最佳路径，为我们提供了一个（难能可贵的）围绕专业发展变革的基于实证的理论。
4	专业知识是指在核心任务上始终保持优异表现，与资格、职称甚至是经验多寡无关。
5	专业知识是特定知识融合的结果，能够对教学机制和教学策略了如指掌、轻松驾驭。
6	专业知识与任务高度相关；一名教师可以是课程专家，但不是激励专家；可以是历史教学名师，但不擅长数学。

六大核心要素	
理解	利用综合、阐释和调适研究，深化对课堂因果关系的理解。
观摩	审视多种模型、提炼关键特征，通过结合相关机制使知识具有可行性。
尝试	在模拟课堂中进行多轮练习和反馈，追求微小改变，循序渐进，使可行知识得以具体化。
坚持	替代而非添加习惯，阐明意图，优化环境，增加知识被付诸实践的可能性。
匹配	利用数据进行诊断，制订中期计划，并根据专业知识进行调整，使专业发展与个人和团队适配。
拥有	提升选择意识，辅之以提供决策信息和协助执行，增加对专业发展的投入。

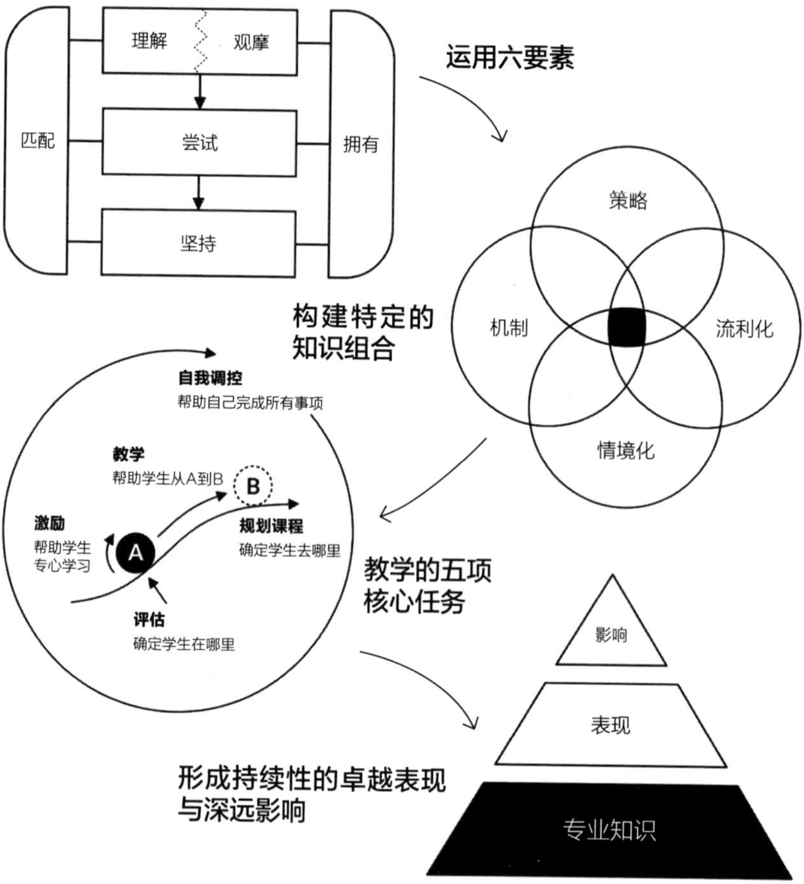

图7　回顾：如何关联在一起

构建一个稳健的框架是实现有意义变革的重要一步。与此同时，如何将框架付诸实践同等重要。

以下是四项实施原则，可确保每一步都实现影响最大化：

1. 平衡忠实性与变通性。
2. 倚重例行。
3. 融合本地文化。
4. 成长为重，不妄评判。

平衡忠实性与变通性

专业发展适用广泛、境随时异，可以是引导学校全体员工的发展、为全国范围内的教师设计培训内容或者努力自我提升。

什么是理想的团队规模和团队调整？哪些是可用的资源与专业知识？哪些政策或框架需要关联协调？解决以上问题须因时因

地制宜。

为倾力塑造专业知识，我们不仅需要确保所有核心要素齐备（忠实性），还要因地制宜，加入当地情境中的优先事项、机遇和限制（变通性）。

我在此仅提供食材，要做成饕餮盛宴，还需要您本人亲自操刀。

倚重例行

习惯不仅对于教学举足轻重，也是专业发展行之有效的策略。

将专业发展纳入日常惯例中，教师们越是习以为常，就越能对专业发展的步骤（下一步该做什么？接下来会发生什么？）驾轻就熟，继而更专注于专业发展的内容（有助于他们更上一层楼）。

惯例能调动我们已有的注意力，事半功倍，营造出一种熟悉、减压的体验。

思考一下自己专业发展的结构，反躬自问：将其作为一套常规流程会是什么样子呢？

融合本地文化

文化如流水，润物细无声。与组织文化和谐共振，专业发展才得以流畅无阻。反之，若错位失衡，专业发展或将难以控制，或将深陷泥潭不能自拔。

以下是助力教师成长的学校文化特质：

- 共享叙事：每个人定期谈论专业发展的重要性。唯有持续进步，才能让学生迎来大好前程……

- 集体参与：专业发展人人参与，不仅限于处于困境者。此外，领导率先示范，定期寻求反馈，并开诚布公地暴露短板。
- 暂停与赞扬：定期留出时间，赞扬那些助人助己、日益精进的人。

成长为重，不妄评判

为了确保专业发展的有效运行，教师必须感受到他们可以坦诚地面对工作的真实情况。

他们可以被别人观察、可以尝试，甚至可以失败，而不必担忧工作的稳定、晋升机会或声誉受损。他们必须确信，专业发展的成果百利而无一害，能够带来教学的提升和参与的满足感。

教师一旦感受到专业发展对他们的职业产生了负面影响，就会变得沉默。他们会在课堂上“表演”，回避努力提升所带来的风险。

因此，我们必须始终如一、言行一致地摆明立场：专业发展以发展为重，不妄加评判。例如：

- 专业发展≠绩效管理。专业发展与绩效管理相剥离，同时明确高层领导的角色定位。
- 专业发展中的事务需要保密。定期提醒所有人保密的重要性。
- 观摩常规化。鼓励所有教师定期走进彼此的课堂，并提供积极的反馈。

11

时间见证价值

文化如流水，时间如潮汐。合理分配和善用时间，是有效实施专业发展的最为关键的驱动力。

同时，这又是最难驾驭的一环。

如果真正重视专业发展，无论是个人、组织还是政府，都应想方设法在百忙之中为其腾出空间。

随后，我们必须扶持相助，坚定地守护好“它”。

当然，这仅在长远思维文化存在的情况下方能奏效。对此，我们不仅应该觉得“有权”权衡，还应将其视为一种“期待”。

创造这样的环境，是专业发展的领导者能够做出的卓有成效的文化投资之一。

综上所述，这就是您迈向专业知识提升之路所需的一切。

未来之路皆由您定……

尾声：教学的未来

今日初生医者胜于百年名医。

——安德斯·艾利克森

学校是人类构建的一种技术，旨在传授难以习得的知识——这些知识历经数百年的积累和努力而获取，关系到未来几代人的成败。

若没有文化传承，我们与其他动物并无二致。学校的效能成为制约文明进步的主要因素之一。教育水平提升得越快，世界进步得就越快。

教学目前正处于应用科学的边缘，就像20世纪的医学和工程学一样。这种转变是推动学校效能达到全新水平所必经的一次重大变革。

转型不仅能给我们照顾的学生带来更好的成绩，还给我们体系内的教师带来更高的地位、更丰厚的薪酬，以及更大的专业影响力。

教学成为一门应用科学，无论从哪个角度看都是三赢局面。然而，确保这种结果的路径尚不明确，对于这个发展方向的兴趣也尚未遍地开花。

若不小心谨慎，我们或将发现自己从“悬崖边”退了回来，从而失去了在这种加速进步中能够获益的机会，无论是对我们自身还是对未来的社会。

相反，我们需要通过严肃对话，探讨如何以可持续的方式将教学打造成应用科学，并尽快夯实地基。

即便从现在着手，我们可能仍需几年（甚至几十年）才见成效。为了启动这场讨论，现给出一个夯实教学改革基础的启发性列表：

1. 更持久、更深化的培训：这种培训类似医学领域的多年期标准化培训，适用于教师、领导者和教育者。

2. 更高质量的课程：提供更加广泛、严谨、基于证据且不断完善的课程教材。

3. 改进的证据体系：提供更多、更高质量的关于有效教学、学校改革和专业发展的证据。

4. 成熟的知识交流机构：专注于阐释、分享和推广这些典例。

5. 公众认知的巨变：为了筹措资金，我们需要让社会认识到教学技术的高度复杂性。

无论您是崭露头角的制度改革家，还是亿万富翁慈善家，抑或心系教学之士，如今正是塑造未来的绝佳时刻。让我们携手前行，书写明日传奇。

致 谢

抚养一个孩童须倾全村之力，撰写一本精简的书亦是如此。衷心感谢所有曾经伸出援手的“村民们”——谢谢你们！特别鸣谢：

- 亲爱的父母，谨记你们的审校之劳、鼓励之情、呵护之恩。
- 艾米和孩子们，伴我十载晨光，笔耕不止。
- 英才学院（Ambition Institute）的同仁们，特别是（高级）设计团队，还有玛丽。
- 乔希和阶梯实验室（Steplab）团队，为学校打造了专业发展的有力工具。

• 安德斯·艾利克森、大卫·伯利纳、玛丽·肯尼迪、“大咖”西姆斯，以及所有为我提供肩膀的巨人们。

• 莎拉·科廷厄姆、梅根·吉南、汤姆·奥克利、尼克·波因特、克里斯·沃夫，以及其他所有传奇人物，站在你们肩膀上才使本书日臻完美。

最后，送给一路相伴的您……

这是我“高影响力教学系列”的第四本书，也是最后一本。

一切始于洛克耶先生的一个开玩笑的挑战——12个月内，你能独立出版多少部书？十载过去，答案揭晓——平均一年完成三分之一本。

洛克耶先生，这个挑战宣告结束。

那么下一个挑战是什么呢？

关于作者

佩普斯·麦克雷（Peps Mccrea）是一位屡获殊荣的教师培训师、设计师和作家。

目前，他担任英才学院（Ambition Institute）教学设计主任，兼任Steplab的教育总监，曾获得英国年轻科学家学术团体（UKYA）和布莱顿大学的研究奖学金。他也是《精益备课法》《记忆教学法》和《动机教学法》的作者。

佩普斯拥有三个硕士学位，育有两个可爱的孩子，而且从不在中午12点前进餐。